Español

Libro de Actividades

Spanish Activity Book

one to one giving

Language Sprout envisions a world in which every child is equipped with multilingualism.

For each Language Sprout Book you purchase, we will give one to a child in need.

Research has shown how important access to books is in a child's development.
For many around the world, books are inaccessible.
With your help, we are partnering with schools around the globe
to provide colorful books to kids in need.
Thank you. Together we can change the world.

To find out more and to
Join the Language Revolution[TM], please check out our website.

www.LanguageSprout.com

Copyright © 2017 Language Sprout Publishing, L.L.C.
ISBN: 978-1-63354-071-2
All rights reserved. Published in the United States by Language Sprout.

languagesprout.com

About Language Sprout

Language Sprout envisions a world in which every child is equipped with multilingualism.

To this end, we strive to provide quality world language instruction to all ages, with a focus on our youngest learners. In our age of increasing globalization, we believe that fluency in multiple languages is invaluable and that it is never too early for our kids to start developing their multilingual skills. In fact, our capacity to learn new languages lessens as we age. As such, we aim to serve a niche that is often ignored - younger language learners - because they have incredible potential to gain fluency and are preparing to enter a world in which doing so is more critical than ever.

What can I do to help my child learn?

We're glad you asked! Parent participation is an important part of children's language acquisition success. Language Sprout has plenty of materials to help you and your child learn together. Allow your child to be your teacher if you don't speak the language. Play one of our memory games or go fish games in the target language as a way to practice together. Use screen time to watch videos in the target language, and enjoy one of our easy-reader target language books at bedtime. Spend time together and engage in your child's learning process. Dedication and repetition are the keys to success!

For more ideas, check us out at

www.languagesprout.com

Nombre: _____
name

Table of Contents

- [ ] **I: Super Chef Sprout - Introducción y Capítulo 1**
  - [ ] ¡Bienvenido! — 2
  - [ ] Introducción — 3-4
  - [ ] Reflexiona — 5
  - [ ] Capítulo 1 — 6-7
  - [ ] ¡Buenas Noticias! — 8-10

- [ ] **II: Super Chef Sprout - Capítulo 2**
  - [ ] Capítulo 2 — 12-15
  - [ ] ¡Ayuda! — 16
  - [ ] Vocabulario — 17
  - [ ] Descripción Visual — 18
  - [ ] Sopa de Letras — 19
  - [ ] ¡Más Noticias! — 20

- [ ] **III: Super Chef Sprout - Capítulo 3**
  - [ ] Capítulo 3 — 22-26
  - [ ] Más Vocabulario — 27
  - [ ] Descripción Visual — 28
  - [ ] Reflexiona — 29
  - [ ] ¡Más Noticias! — 30

- [ ] **IV: Super Chef Sprout - Capítulo 4**
  - [ ] Capítulo 4 — 32-37
  - [ ] Más Vocabulario — 37
  - [ ] Descripción Visual — 38
  - [ ] Reflexiona — 39
  - [ ] ¡Más Noticias! — 40

Table of Contents

- ☐ **III: Super Chef Sprout- Capítulo 5**
  - ☐ Capítulo 5 — 42-45
  - ☐ Más Vocabulario — 45
  - ☐ Descripción Visual — 46
  - ☐ ¿Sí o No? — 47
  - ☐ ¡Más Noticias! — 48

- ☐ **IV: Super Chef Sprout- Capítulo 6**
  - ☐ Capítulo 6 — 50-55
  - ☐ ¡Más Noticias! — 56-58
  - ☐ Tu Vocabulario — 59
  - ☐ Prueba Final — 60-62

Unidad I
Super Chef Sprout Introducción y Capítulo 1

¡Bienvenido!

Welcome back!

You made a great decision to continue with Spanish! We are so proud of you!

So many amazing doors and opportunities will open up to you through your studies.

Just keep up the good work, and don't forget to look for the secret fun!

Let's get started!

Introducción

Super Chef Sprout
Una Historia de Sproutlandia

La Ciudad Sprout es una Ciudad en el país de Sproutlandia, de hecho, es la capital del país. Allí viven muchas personas interesantes e importantes, pero hay unos amigos especiales que viven allí: "Los Amigos Sprout".

La historia continúa . . .

Introducción

Era un día normal, todos los Amigos Sprout estaban en el parque jugando; subiendo y bajando la resbaladilla, corriendo, hablando y riéndose.

"¡Amigos, ya es hora!" dijo Pepé.
"¿Hora de qué?" preguntó Marisol.
"¡Hora de mirar nuestro programa favorito!" respondió Pepe.
"¡Sí, es cierto!", dijo Bob, "¡Vámos amigos, lo podemos ver en mi casa!"

Todos se pusieron sus cascos, montaron sus bicicletas y fueron pedaleando hacia la casa de Bob.

La historia continúa . . .

Parque Sprout

Reflexiona

¿Comprendiste la historia? Colorea tu respuesta.

1) Pepé dijo, "¡Amigos, ya es hora!" Es probable que tenga:

2) Bob dijo, "Lo podemos ver en mi casa." Es probable que tenga:

3) Los Amigos se fueron a la casa de Bob en/con:

4) Y tú, ¿cómo llegaste a clase y cómo prefieres andar por la ciudad?

_____
_____
_____

Capítulo 1

Super Chef Sprout

Capítulo 1 - ¡Buenas Noticias!

Acción 1: Tienes que <u>subrayar</u> los verbos del Capítulo 1 que están en tiempo pretérito.

Cuando llegaron a la casa de Bob todos saludaron a la mamá y a el papá de Bob, la hermana mayor de Bob, Susana también estaba allí.

"¡Hola Mamá, hola papá! mis amigos y yo queremos ver el programa de Super Chef Sprout, ¿está bien si lo vemos en el sótano?" dijo Bob.

"Sí Bob, ¡hola amigos!" dijo la mamá.

La historia continúa . . .

Capítulo 1

Todos bajaron hacia el sótano, son muchos amigos y no cupieron todos en el sofá. Marisol y Pepé se sentaron en el sofá, Lulú y Marta en una silla redonda y los demás en el suelo.

Ya era hora del programa favorito de los amigos: "¡Super Chef Sprout!" El programa es increíble, el programa se trata de chefs de una ciudad en una competencia para ver quién es el mejor chef. Esta vez empezaron el programa dando un anuncio, un anuncio muy emocionante:

¡El programa Super Chef Sprout está viniendo a Ciudad Sprout! y van a tener una competencia de personas que viven aquí ¡en la ciudad Sprout! ¡Qué emoción! Además, van a tener una competencia especial para niños.

Los amigos Sprout decidieron en este minuto que ¡todos se iban a inscribir en la competencia!

La historia continúa . . .

¡Buenas Noticias!

Complete the newspaper page below. ¡En español, por supuesto!

El Tiempo Sprout
Un periódico de calidad

....
(la fecha)

Anuncio "Super Chef Sprout"

Llegando pronto a...

Sprout, Sproutlandia

¿Quién, qué, dónde, por qué y cuándo?

_____
_____
_____
_____
_____
_____

Escrito por:

(nombre)

¡Buenas Noticias!
Complete the newspaper page below. ¡En español, por supuesto!

El Tiempo Sprout
Un periódico de calidad

¡A la venta ahora!

Supermercado Sprout tiene...
1. _____
2. _____
3. _____

Pronóstico del Tiempo

Hoy:
_____
_____
_____

Mañana:
_____
_____
_____

El fin de semana:
_____
_____

9

¡Buenas Noticias!

Complete the newspaper page below. ¡En español, por supuesto!

El Tiempo Sprout
Un Periódico de Calidad

Cartas al Editor

Queridos Lectores,

Ahora es la temporada cuando trabajo mucho en mi jardín. No puedo inscribirme en "Super Chef Sprout" pero tendré muchas zanahorias para compartir con los chefs y voy a ver las repeticiones del show este invierno.

(circle one)
Me gusta / No me gusta mucho que los niños participen en el programa porque...
_____
_____
_____

¡Buena suerte a los concursantes!

Sinceramente,
Emma

Unidad II
Super Chef Sprout
Capítulo 2

Capítulo 2

Super Chef Sprout

Capítulo 2 - ¡Serían Famosos!

Acción 2: Tienes que <u>subrayar</u> los verbos del Capítulo 2 que están en tiempo condicional.

El famoso Super Chef Toño Cebollín llegó a la Ciudad Sprout con su concurso[1] de televisión "Super Chef Sprout" y los amigos Sprout estaban muy emocionados de participar en este programa, ¡serían famosos!

1) competition

La historia continúa . . .

Capítulo 2

Todos los amigos Sprout se inscribieron para participar en el concurso, pero los amigos que calificaron para el concurso fueron: Bob, Marisol, Rebe, Marta, Lily, Pepe, Shazam y Lulú.

Al llegar el día de la primera eliminatoria[2] se presentaron todos en el salón que estaba listo con varias cocinas para que cada quien pudiera preparar sus platillos[3].

Los recibió la señorita Cuquita que les entregó a cada quien un mandil[4] con su nombre bordado[5] y les asignó sus lugares, Rebe y Marta estaban muy contentas porque les tocó estar una al lado de la otra.

El salón tenía 8 mini cocinas con todos los utensilios[6] necesarios que podrían ocupar para hacer los platillos de ese día, había 4 filas[7] de 2 mini cocinas cada uno con licuadoras[8] de diferentes colores cada una y los amigos Sprout quedaron así:

2) play off 3) dish 4) apron 5) embroidered 6) utensils 7) rows 8) blenders

La historia continúa . . .

Capítulo 2

En la primera fila estaban Bob con la licuadora roja y Lily con la licuadora morada, en la segunda fila estaban Marta con la licuadora verde y Rebe con la licuadora anaranjada, en la tercera fila estaban Shazam con la licuadora azul y Pepé con la licuadora café, en la cuarta y última fila estaban Lulú con la licuadora negra y Marisol con la licuadora amarilla.

En cada mini cocina había 5 sartenes[9] de diferentes tamaños, 3 ollas[10], 10 cucharones[11], 3 espátulas[12], 2 coladores[13], 1 rallador[14], 3 tablas para cortar[15], 1 horno[16], 1 refrigerador[17], 1 licuadora, 6 tazones[18], 10 platos planos[19], 10 platos hondos[20], 10 vasos[21], 1 taza medidora[22] muy grande y pesada, 1 exprimidor[23] de naranjas, 1 exprimidor de limones y unos guantes para hornear[24].

9) pans 10) pots 11) ladles 12) spatulas 13) strainers 14) grater 15) cutting boards
16) oven 17) refrigerator 18) bowls 19) flat plate 20) deep plate 21) glasses
22) measuring cup 23) juicer 24) oven mitts

La historia continúa . . .

Capítulo 2

El juego consistía en 4 eliminatorias y una final, cada día habría un concursante[25] eliminado y en la final se decidiría el ganador[26], Rebe se sentía muy confiada porque... bueno, élla es la "Reyna del fideo" y por supuesto una experta en la cocina. Marisol, Pepé y Lily estaban muy contentos porque podrían tener una cocina ¡para ellos solos!, Marta estaba nerviosa porque acababa de aprender a usar la liquadora, Lulú estaba ansiosa por empezar, Pepé quería usar una batidora[27] a la máxima velocidad, Lily estaba emocionada por todos los ingredientes que iban a poder usar y Shazam ya quería conocer a Super Chef Toño Cebollin.

Se acerca la hora de empezar la competencia[28] y sale Super Chef Toño Cebollin acompañado de Super Chef Marcela Papilla ganadora de la edición 5 y el Super Chef Carlos Mantequilla ganador de la edición 9 del programa. Todos los amigos Sprout se emocionaron mucho y aplaudieron por ¡10 minutos!

25) contestant 26) winner 27) mixer 28) competition

La historia continúa . . .

¡Ayuda!

¿Qué falta en la mini cocina de Marisol? Completa el dibujo con sus utensilios desaparecidos.

Vocabulario

Concurso
Concursante
Competencia
Ganador
Mandil
Cocina — Write the translation in the box.
Utensilios
Platillo
Sartén
Olla
Cuchara
Espátula
Colador
Rallador
Tabla para cortar
Horno
Refrigerador
Licuadora
Tazón
Plato
Vaso
Taza medidora
Batidora
Ingredientes

¿Qué dice el diccionario?

Descripción Visual

Read the paragraphs below.
Draw what it says inside the box.

Marta estaba nerviosa porque acababa de aprender a usar la liquadora. Pepé quería usar una batidora a la máxima velocidad.

Marta

Pepé

Lily estaba emocionada por todos los ingredientes que iban a poder usar y Shazam ya quería conocer a Super Chef Toño Cebollín.

Shazam

Lily

Sopa de Letras

```
R N G U T E N S I L I O S E A
E V M S I C H E F S O L I T X
F G O C O L A D O R M L T A C
R W P U B O B A M E B A T T A
I R O C A N E S P Á T U L A R
G O X H L O Y H B I R F O Z P
E L M A B R A L L A D O R A I
R I E R P R E S I D E N T M N
A C C A R S C O C I N A O E V
D U A E S A R O A S R M N D A
O A T S N R O J R T H F R I S
R D L A E T P L A T O O E D O
O O E S T É O N N U R E T O X
L R T G V N T A Z Ó N C A R R
T A B L A P A R A C O R T A R
```

Banco de palabras

Find the following words in Spanish in the puzzle above.

KITCHEN UTENSILS BOWL SPOON CUTTING BOARD
SKILLET PLATE SPATULA OVEN
POTS GLASS STRAINER FRIDGE
  MEASURING CUP GRATER BLENDER

¡Más Noticias!

Complete the newspaper page below. ¡En español, por supuesto!

El Tiempo Sprout
Un periódico de calidad

Edición Especial

Anuncio "Super Chef Sprout"

La Cocina

Los Concursantes

¿Quién, qué, dónde, por qué y cuándo?
_____
_____
_____
_____
_____
_____
_____

Escrito por: _____
(nombre)

Unidad III
Super Chef Sprout
Capítulo 3

Capítulo 3

Super Chef Sprout
Capítulo 3 - El Primero Reto

Acción 3: Tienes que <u>subrayar</u> los verbos del Capítulo 3 que están en tiempo infinitivo.

Los jueces se presentaron y explicaron el reto[29] del día: tenían que hacer un delicioso aperitivo[30] en 60 minutos y los ingredientes serían papa, calabacín, lechuga, zanahoria, cebolla, berenjena, tomate, repollo, hongos, maíz, pimientos, alcachofa, ejotes, carne de res, pollo, harina, masa, queso, leche, toda el agua que quisieran y muchas especias[31].

29) challenge 30) appetizer 31) spices

La historia continúa . . .

Capítulo 3

Lulú decidió hacer unas tiras de pollo empanizadas[32] acompañadas de una salsita de tomate con cebolla y berenjena que le enseñó a cocinar su abuelita, "a todos les va a encantar esta salsita" pensó Lulú.

Marisol hizo una mini pizza de queso, alcachofa, hongos y pimientos, "una pizza muy saludable[33]" pensó Lily cuando vió la creación[34] de Marisol.

Lily preparó una ensalada con lechuga, zanahoria, tomate, queso y una pasta en forma de flor que ella misma creó, "ésta es la pasta más linda que he visto" pensó Bob.

Bob preparó unas alcachofas rellenas[35] de queso crema, pavo y cebollín, "una delicia[36], ya quiero probarlo" pensó Bob.

32) breaded 33) healthy 34) creation 35) stuffed 36) delight

La historia continúa . . .

Capítulo 3

Pepé preparó unos rollitos de jamón, queso y aguacate envueltos[37] en una tortilla de harina que él mismo hizo, "fácil, elegante, delicioso y el seguramente el aperitivo ganador[38]" pensó Pepé al ver terminado su platillo[39].

Marta decidió preparar unos taquitos de carne deshebrada[40] de res[41] acompañados de una salsa de tomate con cilantro y trocitos de aguacate, "espero que a los jueces les gusten los taquitos porque son mis favoritos" pensó Marta dando un suspiro[42].

Rebe por supuesto hizo fideos, los preparó en sopita con pollo, calabacín, zanahoria y chicharos, " a todos les encantan mis fideos y la verdad es que estos me quedaron muy buenos" pensó Rebe.

Shazam estaba fascinado[43] viendo lo que los demás hacían y tratando de llamar la atención, tanto[44] que... ¡se olvidó[45] de preparar el aperitivo!

37) wrapped 38) winner 39) dish 40) shredded 41) beef 42) sigh
43) fascinated 44) so much 45) forgot

La historia continúa . . .

Capítulo 3

Los primeros 10 minutos veía cómo Lily hacía la pasta en forma de flor, los siguientes 10 minutos trataba de hacer reir a Marta y a Rebe: haciendo caras y gestos[46], viendo cómo Bob rellenaba las alcachofas con mucho cuidado, cómo Pepé preparaba la masa para las tortillas de harina y... ¡cuando se dió cuenta ya sólo le quedaban 3 minutos para preparar algo!, decidió tomar unas hojas de lechuga, ponerlos en el plato muy artísticamente y ¡aperitivo listo!, "la verdad es que soy muy eficiente[47]" pensó Shazam mientras sonreía[48] orgulloso[49].

Al terminar los 60 minutos sonó una campana y todos dejaron su plato en la mesa de los jueces para que probaran su platillo.

Los jueces quedaron impresionados[50] con los aperitivos preparados, todos eran muy coloridos y muy profesionalmente decorados[51].

46) gestures 47) efficient 48) was smiling 49) proudly 50) impressed 51) decorated

La historia continúa . . .

Capítulo 3

Uno por uno los amigos Sprout pasaron al frente para que su platillo fuera calificado, todos escucharon críticas[52] muy buenas y la verdad es que no se podían imaginar quién sería el primer eliminado pero después de deliberar[53] un rato decidieron eliminar a Shazam y el Super Chef Toño Cebollín le dijo:

"Shazam esa lechuguita estaba muy sabrosa[54] pero consideramos que debemos reconocer el esfuerzo[55] de tus amigos y el día de hoy tú tendrás que ir a casa."

Ahora era el turno de Shazam de despedirse, a él le hubiera gustado quedarse más tiempo y quizás hasta ganar pero pensó que la decisión había sido justa[56] y simplemente sonrió[57], mandó un beso al público, abrazó a los Super Chefs, entregó su mandil y salió pensando que ese día había sido ¡fenomenal[58]!

52) criticism 53) deliberating 54) tasty 55) effort 56) fair 57) smiled 58) phenomenal

La historia continúa . . .

Más Vocabulario

Lista de vocabulario en español: Traducción en inglés:

- calificado
- sabrosa
- reto
- aperitivo
- especias
- empanizadas
- saludable
- creación
- rellenas
- delicia
- envueltos
- ganador
- platillo
- deshebrada
- suspiro
- fascinado
- tanto
- olvidó
- gestos
- sonreía
- orgulloso
- impresionados
- decorados
- críticas
- deliberar
- sabrosa
- esfuerzo
- justa
- sonrió
- fenomenal

¿Dónde está un diccionario?

Descripción Visual

Read the paragraphs below.
Draw what it says inside the box.

Pepé preparó unos rollitos de jamón, queso y aguacate envueltos en una tortilla de harina que él mismo hizo.

Pepé

Lily preparó una ensalada con lechuga, zanahoria, tomate, queso y una pasta en forma de flor.

Lily

Reflexiona

¿Comprendiste la historia? Colorea tu respuesta.

1) ¿Quién enseñó a Lulú a cocinar?

su dragón   su abuelo   una rana   su abuela

2) Los Amigos Sprout quieren hacer aperitivos:

enojados   feos   deliciosos   cortos

3) ¿Cuál era el único ingrediente en el aperitivo de Shazam?

una fresa   la lechuga   el agua   un tomate

4) Y tú, ¿qué ingredientes quieres usar para preparar un aperitivo?

_____
_____
_____
_____

¡Más Noticias!

Complete the newspaper page below. ¡En español, por supuesto!

El Tiempo Sprout

Un Periódico de Calidad

Edición Especial

Anuncio "Super Chef Sprout"

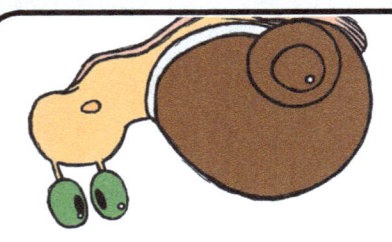

Adiós Shazam

Aperitivos Deliciosos

¿Quién, qué, dónde, por qué y cuándo?

_____
_____
_____
_____
_____
_____

Escrito por: _____
(nombre)

Unidad IV
Super Chef Sprout
Capítulo 4

Capítulo 4

Super Chef Sprout

Capítulo 4 - El Segundo Día

Acción 4: Tienes que subrayar los verbos del Capítulo 4 que están en tiempo presente.

Es ya el día 2 de las eliminatorias y llegan los 7 amigos Sprouts restantes[59]... extrañan a Shazam porque siempre los hace reír y lo quieren mucho pero están felices de seguir en la competencia.
El reto del ese día era preparar un menú para un Día de Campo incluyendo las bebidas[60], todos se entusiasmaron porque era un reto muy divertido:

59) remaining 60) drinks

La historia continúa . . .

Capítulo 4

-¡Yo tengo una gran idea!- dice Bob mientras se acomoda[61] en su cocina y prepara[62] todos los ingredientes para hacer su menú: Ensalada de espinaca con fresa y nueces; sándwiches de jamón con queso; fresas y moras con yogurt y para tomar agua de sandía.

-¡Yo voy a necesitar mucha fruuuuuuuuuuuutaaaaa!- dice Marisol y empieza a preparar su menú: ensalada de frutas, pay de frutas, frutas en gelatina y agua de mango.

-¡Me encantan los días de campo!- dice Marta y empieza a cocinar unos deliciosos rollitos de queso crema con espinaca y tocino, un flan y agua de melón con muchos hielos.

-¡Voy a hacer mi receta especial para días de campo!- dice Lulú y prepara su tradicional ensalada de pollo con galletas saladas, mangos con fresa y agua de jamaica.

61) settles in 62) prepares

La historia continúa . . .

Capítulo 4

-¡Haré mis fideos especiales para día de campo!- grita Rebe y empieza a dar vueltas buscando los ingredientes, su menú consiste en fideos con pollo, brócoli, zanahoria rallada, calabacín y tomates; pastelitos de zanahoria y agua de alfalfa.

-¡Mi menú va a impresionar a todos!- exclama Pepé y puso manos a la obra: hizo unas empanadas de queso con champiñones y alcachofas; cortó sandía en forma de corazones, piña en forma de flor y las ordenó en palitos estilo brocheta junto con uvas y fresas; de bebida preparó una limonada con un poquito[63] de puré de fresas.

-¡Los días de campo son mi especialidad!- dice Lily cantando y bailando una canción que inventó[64] justo en ese momento: "Soy la mejor, soy la mejor, y este retoooooooooooo... ¡lo voy a ganar... yoooooooooo!", después se dispuso a montar

63) little bit 64) invented

La historia continúa . . .

Capítulo 4

una coreografía[65] para acompañar su canción, patada a la izquierda, patada a la derecha, dos pasos al frente, dos pasos atrás, media vuelta y brazos arriba... ahora había que pensar en el vestuario[66], ¿sería mejor un vestido o una blusa con mallones[67]?, ¿lentejuela[68] o seda[69]?, y ¿qué color resaltaría mejor su hermosa piel verde?, ¡oh, tanto qué pensar!, habría que mandar invitaciones para el gran estreno de su show, ahora necesitará componer[70] otras canciones para entretener a los invitados durante... quizás... ¿30 o 40 minutos?, ¿una hora?... ¡tanto qué hacer! y yo... -¡oh, no, yo tengo que hacer el menú del día de campo! -.

Lily empezó a correr mientras hacía un sándwich de jamón con queso, cortó unas rodajas de sandía y sirvió agua natural en un vasito[71]...y ¡listo!.

65) coreography 66) wardrobe 67) leggings 68) sequined 69) silk 70) compose
71) little glass

La historia continúa . . .

Capítulo 4

El tiempo había terminado y los jueces se dispusieron a probar los platillos preparados por los amigos Sprout.

A la Super Chef Marcela Papilla le encantó el platillo de Bob y pensó que Marisol había hecho un gran trabajo; el Super Chef Carlos Mantequilla casi se termina los fideos de Rebe y quedó fascinado con los rollitos de Marta y la ensalada de Lulú; el Super Chef Toño Cebollín quedó muy impresionado con las empanadas y las brochetas de Pepé.

Hablaron por un minuto y dieron la noticia de que Lily sería la eliminada ese día ya que su sándwich estaba insípido[72] y no había preparado una bebida, el Super Chef Toño Cebollín le dijo:

-"Querida Lily, el día de hoy tú irás a casa, estuvimos confundidos viéndote dar vueltas, bailar y cantar y aunque nos gustó tu baile no es suficiente[73] para pasar a la siguiente eliminatoria, gracias por participar"-

72) bland 73) enough

La historia continúa . . .

Capítulo 4

Lily asintió[74] con la cabeza, entregó su mandil y dijo: "Es cierto, estuve distraída[75] y no me dió tiempo de terminar pero estoy muy contenta de haber participado, y más porque tengo listo un gran show ¡al que todos están invitados!", aventó besos y salió bailando y cantando.

74) nodded 75) distracted

La historia continúa . . .

Más Vocabulario

Lista de vocabulario en español: / Traducción en inglés:

- fascinado
- impresionado
- restantes
- acomoda
- prepara
- poquito
- inventó
- coreografía
- vestuario
- mallones
- lentejuela
- seda
- componer
- vasito
- insípido
- asintió
- distraída

Tengo hambre.

Descripción Visual

Read the paragraphs below.
Draw what it says inside the box.

Pepé hizo unas empanadas de queso con champiñones y alcachofas, corto sandía en forma de corazones y piña en forma de flor.

Pepé

Lily empezó a correr mientras hacía un sándwich de jamón con queso, cortó unas rodajas de sandía y sirvió agua natural en un vasito.

Lily

Reflexiona

¿Comprendiste la historia? Colorea tu respuesta.

1) ¿Qué es un ingrediente importante en galletas saladas?

lechuga · chocolate · sal · azúcar

2) Si preparas un almuerzo para Marisol, debes incluir:

pimiento · pan · manzanas · jamón

3) Claramente, a Lily le gusta:

dormir · descansar · robar · bailar

4) Y tú, ¿cuál es tu menú favorito para un día de campo?

_____
_____
_____
_____

¡Más Noticias!

Complete the newspaper page below. ¡En español, por supuesto!

El Tiempo Sprout

Un periódico de calidad

Edición Especial

Anuncio "Super Chef Sprout"

Adiós Lily

Menú para un Día de Campo

¿Quién, qué, dónde, por qué y cuándo?
_____
_____
_____
_____
_____
_____
_____

Escrito por:
_____
(nombre)

Unidad V
Super Chef Sprout
Capítulo 5

Capítulo 5

Super Chef Sprout

Capítulo 5 - El Tercer Día

Acción 5: Tienes que <u>subrayar</u> los verbos del Capítulo 5 que están en tiempo imperfecto.

Era el día 3 del concurso y había que preparar ¡un postre!, ese era el platillo favorito de todos y se emocionaron mucho.

Marta hizo un pan de queso, Pepé un delicioso tiramisú, Bob un impactante choco flan, Lulú un hermoso pastel de chocolate con nuez y caramelo,

La historia continúa . . .

Capítulo 5

Marisol preparó unas fresas con crema y Rebe hizo unos fideos de gelatina.

Los jueces probaron los postres y no podían decidir a quién eliminar, era muy difícil[76] ya que todos los postres habían quedado deliciosos y todos habían puesto su mejor esfuerzo[77].

Mientras tanto los amigos Sprout hablaban entre ellos y se elogiaban[78] unos a otros.[79] Nadie[80] se dió cuenta que Pepé decidió acabarse su tiramisú, el choco flan de Bob, el pastel de chocolate de Lulú, la mitad de las fresas con crema de Marisol y sólo dejó un poco de los fideos de Rebe; su estómago estaba a punto de estallar[81], se sentó y dio un grito: -"Ayayay, ¡me duele[82] mucho!"-.

-"¿Qué pasa?"- preguntó el Super Chef Toño Cebollín muy preocupado[83].

76) difficult 77) effort 78) praised 79) others 80) no one 81) burst 82) hurts
83) worried

La historia continúa . . .

Capítulo 5

-"¡Alguien llame a emergencias!"- gritó la Super Chef Marcela Papilla.

Los encargados[84] de la producción del programa llamaron y la ambulancia llegó en menos de 5 minutos, nadie sabía qué había pasado hasta que Marisol se dió cuenta que ya no quedaba nada de los postres.

-"Creo que ya sé qué pasó" dijo Marisol, "Pepé se sintió mal por comer mucho" y señalando la mesa de los postres, "creo que comía mientras nosotros platicábamos"-.

-¡Es cierto!, ¡pobre Pepé! dijo Lulú muy preocupada. Los paramédicos[85] llegaron y atendieron a Pepé, no lo llevaron al Hospital pero le recomendaron reposo[86] por 3 días... no podría estar en la final del concurso que sería el día siguiente. El Super Chef Toño Cebollín habló con Pepé antes de que se fuera a descansar[87] a casa:

84) managers 85) paramedics 86) rest 87) to rest

La historia continúa . . .

Capítulo 5

-"Pepé eres un muy buen Chef, es una lástima no tenerte aquí para la final pero te recomendamos regresar para nuestro próximo concurso, tienes mucho talento, pero ten más cuidado con lo que comes"-.

Todos los amigos Sprout despidieron a Pepé y él les dijo: "Mucha suerte, son unos chefs grandiosos y sus postres estuvieron deliciosos."

La historia continúa . . .

Más Vocabulario

Lista de vocabulario en español: Traducción en inglés:

- difícil
- esfuerzo
- elogiaban
- otros
- nadie
- estallar
- duele
- preocupado
- encargados
- paramédicos
- reposo
- descansar

Descripción Visual

Read the paragraphs below.
Draw what it says inside the box.

Lulú hizo un hermoso pastel de chocolate con nuez y caramelo.

Lulú

Los jueces probaron los postres y no podían decidir a quién eliminar, era muy difícil ya que todos los postres habían quedado deliciosos

¿Sí o No?

Answer each of the following yes-or-no questions with a complete sentence. Be sure to use "sí" or "no".

1) ¿Marisol preparó un postre con fresas?
   _____

2) ¿Pepé comió todo los fideos de Rebe?
   _____

3) ¿Pepé necesitaba descansar por 4 días?
   _____

4) Después de este capítulo, ¿quieres comer postre?
   _____

5) ¿Es posible que la ambulancia llegó en tres minutos?
   _____

6) ¿El pobrecito Pepé se rompió la pierna?
   _____

7) ¿Pepé puede regresar para el próximo concurso?
   _____

8) ¿El postre de Rebe tenía fideos?
   _____

9) ¿Tienes tú un postre favorito?
   _____

¡Más Noticias!
Complete the newspaper page below. ¡En español, por supuesto!

El Tiempo Sprout
un periódico de calidad

Edición Especial

Adiós Pepé

Un Postre Muy Rico

¿Quién, qué, dónde, por qué y cuándo?
_____
_____
_____
_____
_____
_____
_____

Escrito por: _____
(nombre)

Unidad VI
Super Chef Sprout
Capítulo 6

Capítulo 6

Super Chef Sprout
Capítulo 6 - El Ganador

Acción 6: Tienes que <u>subrayar</u> los verbos del Capítulo 6 que están en forma gerundio.

Ya era el día de la final, quedaban 5 finalistas: Rebe, Marisol, Bob, Lulú y Marta. Era un día muy emocionante, todos andaban de un lado para otro, tronándose los dedos y preguntándose cuál sería el reto de ésta final.

La historia continúa . . .

Capítulo 6

Llegaron los jueces, el salón quedó en silencio, los amigos Sprout esperaban ansiosos oír las instrucciones de la última prueba y el Super Chef Antonio Cebollín anunció el reto:

-"Hoy es un día muy importante, quedan 5 concursantes y solo habrá un Super Chef, hoy todos tendrán que preparar el mismo platillo: una lasaña con queso y espinaca acompañada de una ensalada, contarán con 2 horas para terminar y el platillo con mejor sabor será el ganador, suerte a todos y ¡que gane el mejor!"-.

Cuando Rebe escuchó que tenía que hacer una lasaña se horrorizó, su especialidad son los fideos... nunca había cocinado una lasaña antes, entonces empezó haciendo la masa... era muy difícil y se estaba frustrando, Bob la vió y decidió ayudarle para armar la pasta; después ya armó la lasaña con facilidad, hizo su ensalada y listo.

La historia continúa . . .

Capítulo 6

Marta ya había hecho lasaña antes, sólo que la receta que ella sabía hacer llevaba carne molida, pensó que no sería mucha diferencia y empezó a cocinar, pero cuando estaba tratando de integrar el queso ¡se le cayó al piso!, Marta se puso a llorar porque el queso era una parte muy importante y se le había caído todo... ya todos habían usado el queso menos Bob y Lulú, cada uno le dió un poco de queso para que hiciera su lasaña, Marta se puso muy feliz y terminó su platillo a tiempo.

Marisol estaba un poco decepcionada porque ella hubiera querido hacer una lasaña con fresas, mango y durazno, que suena delicioso; todo iba bien hasta que empezó a dar vueltas buscando guantes para meter la lasaña en el horno, su larga cola se atoró con su banco, tiró la ensalada de Lulú y también su ensalada; estaba muy apenada con Lulú y sus bracitos no alcanzaban a meter la lasaña en el horno; ¡estaba desesperada!, ya había tratado de

La historia continúa . . .

Capítulo 6

varias formas y no podía. Bob vió todo y decidió ayudarla a meter la lasaña al horno y después ayudó a Lulú a cortar lechuga y tomates para reponer su ensalada.

Lulú estaba muy contenta con su lasaña, ya estaba en el horno e iba a terminar a tiempo porque, aunque Marisol había tirado accidentalmente su ensalada, con la ayuda de Bob la había podido terminar; Marisol tambien estaba muy contenta y agradecida con Bob.

Bob había tenido unas horas muy atareadas, pero tenia todo listo, lasaña en el horno, ensalada lista, pero estaba cansadísimo.

Ya es el último minuto, todos corren para presentar su creación lista para los jueces, la presentación es importante pero el sabor sería aún más.

La historia continúa . . .

Capítulo 6

Los 3 Super Chefs probaron cada uno de los platillos: empezaron con el de Rebe y pensaron que era delicioso; siguieron con el de Lulú y decidieron que era un manjar; la siguiente fue Marisol y pensaron que su ensalada había sido maravillosa; luego fue el turno de Marta y pensaron que la salsa de su lasaña era para chuparse los dedos; sólo quedaba Bob y pensaron que tanto su lasaña como la ensalada eran asombrosamente insuperables... un manjar digno de reyes.

Es ya hora de decidir quién será el Super Chef Sprout Edición 22 y todos en el salón esperan ansiosos.

Empieza Super Chef Carlos Mantequilla diciendo: -" El ganador del día de hoy nos brindó un platillo digno de los mejores restaurantes de Sproutlandia, la presentación fue magnífica"-.

La historia continúa . . .

Capítulo 6

-"El sabor de la lasaña fue la combinación perfecta con la ensalada, algo muy importante de tener en consideración como Chef, el platillo fue una experiencia excepcional"- dijo Super Chef Marcela Papilla.

-"Para finalizar quiero reconocer la destreza de nuestro nuevo Super Chef, -dijo Super Chef Toño Cebollín- ya que nuestro ganador aparte de realizar un platillo espectacular pudo ayudar a todos sus compañeros durante estas dos horas de prueba, con lo que demuestra que aparte de ser un Super Chef también es un gran amigo y tiene un gran corazón"-.

Entonces los tres jueces al mismo tiempo dijeron: -"¡El Super Chef Sprout Edición 22 es: BOB! Bob no lo podía creer, todos corrieron a abrazarlo, estaban muy contentos porque era cierto, era un gran Chef, pero más importante que todo es que era un excelente amigo con un gran corazón.

El fin

¡Más Noticias!

Complete the newspaper page below. ¡En español, por supuesto!

El Tiempo Sprout
Un periódico de calidad

.... (la fecha)

Anuncio "Super Chef Sprout"

¿Quién, qué, dónde, por qué y cuándo?
_____
_____
_____
_____
_____
_____
_____

Escrito por: _____
(nombre)

¡Más Noticias!

Complete the newspaper page below. ¡En español, por supuesto!

El Tiempo Sprout

Un periódico de calidad

①
②
③

¡A la venta ahora!

Nuevos y usados, tenemos...
_____
_____
_____
_____
_____
_____

Pronóstico del Tiempo

Hoy:
_____
_____
_____
_____

Mañana:
_____
_____
_____
_____

El fin de semana:
_____
_____

57

¡Más Noticias!

Complete the newspaper page below. ¡En español, por supuesto!

El Tiempo Sprout
Un Periódico de Calidad

Cartas al Editor

Queridos Lectores,

(elige uno)
Me gusta / No me gusta que…

_____

_____

porque…

_____

_____

Estoy…

Espero que…

Sinceramente,

_____ (nombre)

Tu Vocabulario

Tu propia lista de vocabulario en español: | Traducción en inglés:

Español	Inglés
tronándose	cracking (one's knuckles)

¿Hay más palabras nuevas?

Tienes que buscar y escribir.

Prueba Final

¿Recuerdas toda la historia? Léela de nuevo y escribe tu respuesta.

1. ¿Qué es Ciudad Sprout?

2. ¿Quién vive en la Ciudad Sprout?

3. ¿Qué hacían los amigos Sprout en el parque?

4. ¿En dónde vieron su programa favorito?

5. ¿Quiénes se sentaron en el sofá?

6. ¿Qué anuncio importante hicieron en el programa?

7. ¿Qué decidieron los amigos Sprout en ese minuto?

8. ¿Cuántos jueces tiene el concurso Super Sprout Chef?

9. ¿Quién es la Súper Chef Marcela Papilla?

10. ¿Cuántos amigos Sprout participaron en el concurso?

11. ¿En qué consistía el juego?

12. ¿Quién es la reina del fideo?

13. ¿Cuál fué el primer reto?

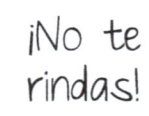

¡No te rindas!

Prueba Final

15. ¿Quién fué el primer eliminado?

16. ¿Cuál fué el reto del Segundo día?

17. ¿Cómo se sienten los amigos Sprout?

18. ¿Cuál es la receta especial para días de campo de Lulú?

19. ¿Qué impresionó al Super Chef Toño Cebollín?

20. ¿Quién fué la eliminada de el segundo día?

21. ¿Cómo salió de el salón la eliminada del Segundo día?

22. ¿Qué prepararon el tercer día del concurso?

24. ¿Qué gritó Pepé?

25. ¿Por qué se sintió mal Pepé?

26. ¿Quién fué el tercer eliminado de el concurso?

27. ¿Qué dijo Pepé de los postres de sus amigos?

28. ¿Cuál es el reto de la Gran Final?

29. ¿Cómo ayudó Bob a Rebe?

Prueba Final

30. ¿Quiénes ayudaron a Marta?
_____

31. ¿Cómo ayudó Bob a Marisol?
_____

32. ¿Cómo ayudó Bob a Lulú?
_____

33. ¿Qué pensaron los jueces de la salsa de Marta?
_____

34. ¿Qué pensaron los jueces de la lasaña de Lulú?
_____

35. ¿Quién es el Súper Chef Sprout Edición 22?
_____

36. ¿Qué demostró el nuevo Super Chef?
_____

37. ¿Cómo se sintieron los amigos Sprout con el ganador?
_____

Empareje el nombre de cada concursante con su licuadora.

¡Felicidades!

Congratulations!

You have completed
Level Eleven Spanish!

We are so very proud of you! We hope that you will use all that you have learned out in the world every day and share your love of Spanish with everyone!

Next up?!
Level Twelve Spanish!

¡Hasta pronto!

Español ⑫

Check us out on the web at
www.languagesprout.com

¡Felicidades!
Congratulations!

Language Sprout

Nombre: _____
You have completed

Español 11

We are so proud of you!

¡Estamos muy orgullosos de ti!